ODE
POVR
LA PAIX

A PARIS,
Chez CHARLES DE SERCY, au Palais, dans la
Salle Dauphine, à la Bonne-Foy couronnée.

M. DC. LX.
AVEC PRIVILEGE DV ROY.

ODE
POVR
LA PAIX

QVEL rayon doux & perçant
Part de cette Nuit obscure,
Et comme vn beau jour naissant
Vient réjoüir la Nature?
Ce feu me semble nouueau,
Et iamais rayon si beau
N'est tombé dessus la terre,
Depuis que le triste cours
D'vne affreuse & longue guerre
En a chassé les beaux Iours.

Par quels prompts enchantemens
Du fonds de cette lumiere
Sort des grands éuenemens
La fameuſe auantcouriere?
De cent Bouches à la fois
J'entends éclater ſa voix,
Et ſur la Terre & ſur l'Onde.
Peuples, dit-elle, ce jour
Va rendre la PAIX *au monde,*
Solemniſez ſon retour.

La voicy qui ſur mes pas
Suit ces routes lumineuſes,
Et vient répandre icy bas
Mille flâmes amoureuſes.
Mortels, ouurez tous vos cœurs
Pour receuoir les faueurs
De cette aimable Exilée,
Qui pour combler vos deſirs,
De la terre deſolée
Vient ranimer les plaiſirs.

La PAIX *à ces mots pareſt;*
Mais à ſa premiere veuë,
Toute brillante qu'elle eſt,
On doute de ſa venuë:
Son ineſperé retour
Annoncé par ce grand jour,
Paſſe pour vn beau menſonge;
Et tel que dans le réueil
Paroiſt à nos yeux vn Songe
Né des vapeurs du ſommeil.

Aimable Diuinité,
Souffre à la Terre abuſée
L'ingrate ſtupidité
Que ſes malheurs ont cauſée:
L'habitude de nos maux,
A l'eſpoir des biens nouueaux
Rend nos ames endurcies;
Et nous ſentons dans nos cœurs
Cent funeſtes Prophéties
Entretenir nos frayeurs.

La longueur des maux diuers
Rend l'ame aux biens insensible;
Semblable à ces longs Hyuers
Dont la glace est inuincible.
A peine par le retour
De l'Astre qui fait le jour,
La Nature est ranimée,
Et ses premieres chaleurs
Laissent la Terre fermée
A la naissance des fleurs.

Tout semble trahir nos vœux;
MARS ce Démon du carnage,
Iusqu'à nos derniers Neueux
Pousse l'espoir de sa rage:
Ce Dieu fier & violent,
De son Trône chancelant
Veut éterniser la gloire;
Et pour troubler tous nos jours,
Du pouuoir de la VICTOIRE
Il attend un grand secours.

Toy, dit-il auec transport,
Qu'au milieu des funerailles,
Et la Vaillance, & le Sort
Font regner dans les batailles;
VICTOIRE, viens secourir
Ton Regne qui va périr
Par l'Ouurage du grand IVLE;
Voy qu'il arrache le fer
De la main du jeune HERCVLE
Qui nous faisoit triompher.

Au Fauory de LOVIS
Va-t'en étaler tes charmes;
Que ses yeux soient ébloüis
De l'espoir qui suit les armes:
Dis-luy qu'vn repos honteux
Fera languir les beaux feux
D'vne nombreuse Noblesse,
Et pique ses soins guerriers
Par la superbe promesse
D'vne moisson de Lauriers.

La VICTOIRE *suit ces loix,*
Et pour sa gloire allarmée
Vers le PRINCE *des François*
Prend sa route accoustumée.
Elle trouue aupres de luy,
IVLES, *dont le ferme appuy*
Rend son Trône inébranlable,
Et connoist que dans son sein
Ce Ministre infatigable
Roule quelque grand dessein.

Toy, dit-elle en l'abordant,
Sur qui nostre espoir se fonde;
Toy, qu'vn auguste ascendant
A fait l'arbitre du monde;
Toy, que le plus grand des ROYS
A fait l'ame de ses loix,
Et l'instrument de sa gloire;
Aymes-tu si fort la PAIX,
Que tu perdes la memoire
De nos plus rares bienfaits?

N'ay-je pas d'un vol conſtant
Suiuy les pas de ton Maiſtre?
Par quel ſoin plus éclatant
Ta foy veut-elle paraiſtre?
Veux-tu deſarmer ſa main,
Veux-tu trahir mon deſſein,
Quand ie luy ſuis ſi fidelle?
Quels fruits plus dignes de toy
Peux-tu tirer de ton zele,
Que les Palmes de ton ROY?

Quel employ peux-tu donner
A ta vaſte Intelligence,
Si tu ſonges à borner
Les Conqueſtes de la FRANCE?
Que deuiendront les ardeurs,
Et de tant d'illuſtres cœurs,
Et de LOVIS qui m'adore?
Leurs vœux ſont-ils accomplis?
Et d'un ROY ſi jeune encore
Les Deſtins ſont-ils remplis?

Apres ce discours pressant,
Cette charmante Déesse,
Flate IVLE *en l'embrassant,*
Et luy vante sa tendresse:
Puis parlant d'vn ton plus bas,
Par des aduis délicats
Elle allarme sa prudence,
Et par le secret poison
D'vne adroitte confidence
Elle attaque sa raison.

Aussi-tost qu'elle eust parlé,
Pressé d'vn si doux langage,
IVLE *parut ébranlé*
Aux troubles de son visage.
La Discorde & la Fureur
Expliquent en leur faueur
Le sentiment qui le touche,
Et le barbare Destin
S'applaudit d'vn ris farouche
De l'espoir d'vn grand butin.

Noirs arbitres du trépas
Suspendez vostre allegresse,
La VICTOIRE *a des appas,*
Mais IVLES *est sans foiblesse.*
Muses ne m'allarmez plus
Par ces présages confus,
Dont vous vous laissez surprendre:
Et toy calme ta frayeur,
EVROPE, *tu vas entendre*
L'Oracle de ton bonheur.

Déesse, tu connois mal,
(Repart IVLE *à la* VICTOIRE*)*
Combien ton zele est fatal
Aux interests de ta gloire.
Que pretends-tu sans la PAIX?
C'est sur elle desormais
Que ton Empire se fonde:
Renonce aux Vœux des Mortels,
Si la PAIX *ne vient au monde*
Y consacrer tes Autels.

Sçache, que pour meriter
Nos encens & nos hommages,
Tu nous dois laisser gouster
Le fruit de tes auantages.
La Paix si chere à nos Vœux,
De tant de succez fameux,
Est l'attente glorieuse.
J'ay fait triompher mon Roy,
Une Paix auantageuse
Doit couronner mon employ.

Ie sçay bien qu'à son grand cœur
Nourry parmy les tempestes
Cét inuincible Vainqueur
A promis d'autres conquestes:
Mais si ce cœur indompté,
Par luy-mesme est surmonté,
Sa vaillance est satisfaite;
Et sa plus belle action,
Est d'acheuer la défaite
De sa propre ambition.

Quoy que le bras d'vn grand ROY,
Par le succez de la Guerre
Pût soûmettre à mon employ
Le sort de toute la Terre;
Ie veux immoler l'espoir
De tout ce vaste pouuoir
A la fortune publique,
Et par ce coup glorieux
Estonner la politique
De tous les ambitieux.

Toy, VICTOIRE, *ne croy pas*
Que cette PAIX *si profonde*
Iamais au Dieu des Combats
Cede l'Empire du monde.
Les Amours du grand LOVIS,
De nos Peuples réjoüis,
Affermissent l'esperance,
Et vont fonder pour iamais
Sur vne sainte Alliance,
Les triomphes de la PAIX.

TERESE *par ses beaux yeux*
T'a dérobé sa tendresse,
Et ce PRINCE *glorieux*
N'aime que cette PRINCESSE.
Aux pieds de cette Beauté
Il fait choir sa liberté,
Et les fureurs de la Guerre,
Et tourne la belle ardeur
De vaincre toute la terre
A la conqueste d'vn cœur.

ANNE, *qui de nos douleurs*
Tarit la source funeste,
Esteignant auec ses pleurs
Le feu du courroux celeste;
Cette REYNE *dont les Vœux,*
Des Vents les plus orageux
Ont dissipé les tempestes,
Toûjours aux pieds des Autels
Attirera sur nos testes
La faueur des Immortels,

Va raporter ce discours,
Déesse, au Dieu qui t'enuoye,
Et laisse couler nos jours
Dans vne tranquille joye.
Que si pour nostre grand ROY
De peur d'estre sans employ,
Tu t'interesses encore ;
Va-t'en à ses faits guerriers
Sur les riues du Bosphore
Preparer d'autres LAURIERS.

La Déesse à cét espoir
Laisse flatter son courage,
Quitte IVLE, *& luy fait voir*
Qu'elle accepte son présage :
Elle va rejoindre MARS,
Qui dans ses premiers regars
Voit briller son esperance ;
Elle luy parle, & tous deux
Se vantent de l'asseurance
D'vn triomphe si fameux.

Ainſi, ſans nous abuſer,
Pour noſtre bien tout conſpire,
Tout ſemble immortaliſer
Le repos de cét Empire.
Déja l'Auguſte Beauté,
Dont LOVIS *eſt enchanté,*
Luy fait ſentir tant de charmes,
Qu'il n'aimera deſormais,
Apres la gloire des Armes,
Que les douceurs de la PAIX.

BOYER.

FIN.

www.ingramcontent.com/pod-product-compliance
Lightning Source LLC
Chambersburg PA
CBHW061626040426
42450CB00010B/2687